본격 대결 과학실험 만화

내일은 실험왕 ③

본격 대결 과학실험 만화

내일은 실험왕 ③ 빛의 대결

글 곰돌이 co. | 그림 홍종현 | 감수 박완규, 이창덕 | 채색 유기선 | 사진 POS 스튜디오, 연합뉴스
펴낸날 2007년 4월 30일 초판 1쇄 | 2011년 4월 29일 초판 7쇄
펴낸이 김영진 | 본부장 김군호
개발팀장 박현미 | 기획·편집 문영, 이영, 최민정, 윤기홍 | 디자인 박성영, 이지연
펴낸곳 (주)미래엔 서울시 서초구 잠원동 41-10 | 전화 편집 02)3475-3920 마케팅 02)3475-3843~4 팩스 02)541-8249
출판등록 1950년 11월 1일 제16-67호 | 홈페이지 http://www.i-seum.com

ISBN 978-89-378-4221-4 77400
ISBN 978-89-378-4228-3(세트)

잘못된 책은 구입처에서 바꾸어 드립니다.
값은 뒤표지에 있습니다.

＊(주)미래엔은 대한교과서주식회사의 새로운 이름입니다.

본격 대결 과학실험 만화

내일은 실험왕 ③

글 곰돌이 co. | 그림 홍종현

아이세움

펴내는 글

빛이 없으면 세상은 어떻게 될까요? 바로 앞에 있는 물건이나 가족들의
얼굴도 볼 수 없게 될 것입니다. 그리고 식물이 광합성을 하지 못하면
산소가 사라지고 생태계가 파괴되어 지구의 모든 생물이 사라지게 될
것입니다. 이렇게 인간이 살아가는 데 있어서 꼭 필요한 빛은 아직도 많은
부분이 밝혀지지 않은 신비한 존재입니다. 고대 태양신에 대한 숭배에서
시작하여 퀴리 부인과 아인슈타인 등 수많은 과학자들이 이 빛을 연구했고,
인간은 이제 광섬유나 태양열 에너지 등 많은 분야에서 빛을 이용하고
있습니다. 그리고 앞으로도 빛은 인간이 자연에서 얻을 수 있는 최고의
에너지원으로서 더욱 발전하여, 미래 사회를 움직이는 원동력이 될 것입니다.
새벽초 실험반은 빛과 관련된 주제로 남은 두 대결을 치릅니다. 우리는
이 대결 속에서 빛과 관련된 많은 과학 상식을 발견할 수 있을 것입니다.
그럼 지금부터 새벽초 실험반의 활약을 지켜볼까요?

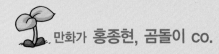

만화가 홍종현, 곰돌이 co.

감수의 글

훌륭한 과학자는 과학 이론을 잘 암기해서 갑자기 탄생하는 것이 아니라 어려서부터 많은 호기심을 가지고 그에 대해 꾸준히 탐구하는 노력으로 조금씩 성장하는 것입니다. 하지만 우리의 과학 교육은 대학 입시라는 큰 과제 때문에 지루한 암기 위주의 틀에서 좀처럼 벗어나지 못하고 있습니다. 이러한 현실에서 실험을 강조한 과학 만화 〈내일은 실험왕〉의 등장은 과학 교육자의 한 사람으로서 매우 반갑기까지 합니다.

이 책은 아이들에게 일반 과학 상식을 만화 형식으로 전달하는 데 그치지 않고 실험 경쟁과 그를 통해 성장하는 주인공들의 재미있는 이야기 구도를 통해 과학이라는 어려운 분야에 부담 없이 접근하고 즐길 수 있도록 한 배려가 돋보입니다. 특히, 실제 초등학교 고학년의 교과 과정에 포함되어 있는 과학 내용뿐만 아니라 일상생활에 유용한 과학 상식까지 다루고 있다는 점이 인상적입니다.

미래는 창의적인 사람이 필요한 시대입니다. 실험은 그 창의적 사고의 틀을 마련해 주는 가장 좋은 방법입니다. 이 책을 읽는 학생들이 실험을 통해 과학 상식뿐만 아니라 창의적 사고법까지 몸으로 체득할 수 있기를 바랍니다.

감수 **박완규, 이창덕**

차례

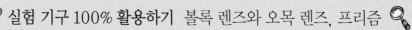

등장인물

범우주

소속 새벽초등학교 실험반.

관찰 내용
• 지각을 자주 하고, 자신이 천재라고 생각한다.
• 원소에 대한 라이벌 의식이 강하다.
• 남들에게 자신을 새벽초 실험반의 에이스라고 소개한다.

관찰 결과 항상 덜렁대지만 중요한 순간에는 높은 집중력과 순발력을 발휘한다!

강원소

소속 새벽초등학교 실험반.

관찰 내용
• 뛰어난 실력과 결단력을 가진 새벽초 실험반의 리더.
• 아토피 때문에 치료를 받고 있다.
• 남을 배려할 줄 모르는 독불장군.

관찰 결과 무뚝뚝한 원소가 실험반에 마음을 열기 시작한다!

나란이

소속 새벽초등학교 실험반.

관찰 내용
• 강원소와 실험을 가장 좋아한다.
• 실험에 대한 이론 지식이 많다.
• 언제나 우주와 지만이가 모르는 과학 지식을 잘 설명해 준다.

관찰 결과 약해 보이지만 어려울 때 물러서지 않는 용기가 있다!

하지만

소속 새벽초등학교 실험반.

관찰 내용
• 메모하기를 좋아하고 온갖 상식을 많이 안다.
• 초롱이가 자신을 좋아한다고 착각한다.
• 새벽초 실험반의 정보통!

관찰 결과 자신도 모르게 점점 실험을 좋아하게 된다!

체육 선생님

소속 새벽초등학교.
관찰 내용

• 지각생 적발에 철저하다.
• 고속도로 꿀밤의 달인.

관찰 결과 1초의 지각도 용서하지 않는 공포의 선생님!

범용초 실험반 지도 선생님

소속 범용초등학교.
관찰 내용

• 지도력이 뛰어나기로 유명하다.
• 자신의 욕심을 채우기 위해 아이들을 이용한다.
• 근엄한 외모의 개그 캐릭터.

관찰 결과 궁지에 몰리자 아이들 핑계를 대는 비겁남이다!

누리초 실험 반원

소속 나루초등학교 실험반.
관찰 내용

• 자유분방한 누리초 실험반의 리더.
• 항상 여유롭고 자신만만하다.

관찰 결과 은근히 강원소를 의식한다!

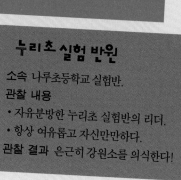

기타 등장인물

❶ 우주를 짝사랑하는 태권 소녀 김초롱.
❷ 속을 알 수 없는 새벽초 실험반 지도 선생님.
❸ 실험반에 대한 애착이 큰 새벽초 교장 선생님.

제1화 비밀은 거울 속에

헉헉!

헥헥!

우아아, 안 돼!
그럴 순 없어!

좌...!
아

비켜요!
비켜~!!

슈

아
악

뭐,
뭐야?

크흑,
또 지각이란
말이야!!

내 머릿속엔 이 주변 지도가 전부 들어 있거든!

새벽초

후후, 지각했다고 다 지각생이 되는 건 아니지…….

스윽

게다가…….

이런 비밀 통로까지 알고 있으니까 말이야, 헤헤헤.

두둥

이 범우주 님이 지각 따위로 걸릴 일은 절대 없지~.

사라락

앗, 초롱아!

깜짝이야~.

놀랐잖아~. 근데 너 여기서 뭐 해?

슬금

슬금

우왓!

척

이게 누구신가? 실험반의 말썽꾸러기 범우주 아냐?

그것 보세요,
제가 뭐랬습니까!
제 예상이 맞았어요!!

실험반을 만들자마자
전교생의 과학 학구열이
불타올라 이번 시험에선
드디어……!

497

509

3 4 5

400위권으로
급상승했습니다!

400위권!
꿈의 순위
아닙니까,
하하하!

야, 너 뭐 하는 거야?
같이 축구나 하자~.

찌 어 잉~

이상해……

여기에선 절대로
왼쪽 모퉁이가
보일 리 없는데,
어떻게 날 봤을까?

바보냐? 당연히
지나가는 걸
봤겠지.

아냐,
그럼 그때
잡혔지!

비밀 통로

25

천 리?
천 리가 얼마나
먼 건데?

'리'는 우리나라의 길이 단위인데,
10리는 사람이 한 시간 동안
걸어갈 수 있는 거리를 측정한 거야.
10리가 약 4km니까 천리안이라면
약 400km 밖을……

크아아

말도
안 돼!

천 리,
천 리……

아, 여기 있다!

뒤적

뒤적

뭔가 확실한
이유가……

내가
알려 줄까?

으악!

답은 간단해……
옆쪽 담으로 들어가는
네 뒷모습이 보였어.

진짜
천리안인가?!

허억!

뭐?

아무리 눈이 좋아도
그렇지, 어떻게……

잠깐!
그쪽이
아니라,

바로 저기!

응?
저건……

저기로
네가 보였어.

골목 한가운데 웬 거울?

반사경이라던데?
선생님이 보고 계셔서
나도 올려다봤더니
네가 담으로 들어가는 게
보이더라고.

짠~

지만아,
다시 한 번
저쪽으로…….

싫어!

아앗,
저건……!

여기서 뭐 해?
점심시간 끝나 가는데.

그렇구나!

그냥~,
넌?

문구점에
선생님 심부름
다녀왔어.

비밀은 바로
이 거울에 있었어……

응?

코ㅎㅎㅎㅎ

저 거울 이름이
뭐랬지,
초롱……?

?

어라,
사라졌네?

귀…
귀신?

저 도로 반사경
얘기하는 거야?

32

빛은 훌륭한 마술사입니다. 강물이 실제보다 얕아 보이게 하고, 물에 잠긴 사람 다리가 실제 길이보다 짧아 보이게도 하며, 사막이나 바다에서 신기루를 만들기도 합니다. 또한 보이지 않던 동전을 나타나게 할 수도 있고, 잘 보이던 카드를 갑자기 사라지게 할 수도 있답니다. 그럼 지금부터 간단한 도구들로 빛의 마술을 따라 해 볼까요?

실험 1 동전아, 나타나라!

준비물 넓은 그릇, 물, 동전

불투명 그릇을 사용하세요!

❶ 그릇에 동전을 넣고 동전의 끝 부분만 보이는 곳에 시선을 둡니다.

❷ 시선을 고정한 상태에서 물을 천천히 붓습니다.

❸ 바닥에 가라앉은 동전이 서서히 나타납니다.

왜 그럴까요?

빛은 직진하다가 성질이 다른 물질을 만나면 속력이 달라지면서 꺾이는데, 이것을 빛의 굴절이라고 합니다. 빛은 통과하는 물질에 따라 진행 속력이 다르고, 속력이 느린 쪽으로 꺾입니다. 그릇에 물을 채웠을 때 동전이 보이는 이유는 빛이 물을 통과하다가 공기를 지나면서 굴절했기 때문입니다. 컵에 빨대를 넣거나 냇가에 발을 담갔을 때 꺾여 보이거나 짧게 보이는 것도 모두 같은 원리입니다.

실험2 카드야, 사라져라!

준비물 카드 2장, 노란색 셀로판지, 투명 비닐, 투명 컵 2개, 물

❶ 카드 한 장은 투명 비닐로, 다른 한 장은 노란색 셀로판지로 쌉니다.

❷ 각각의 컵에 카드가 잠길 정도 물을 따릅니다.

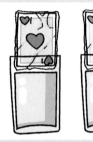

❸ 준비된 카드를 천천히 컵에 넣습니다.

❹ 비닐로 싼 카드는 물속에서 잘 보이지만, 셀로판지로 싼 카드는 물속에서 사라집니다.

왜 그럴까요?

셀로판지로 싼 카드가 감쪽같이 사라진 비밀은 바로 빛의 전반사에 있습니다. 전반사란 쉽게 말해 빛이 모두 반사되는 현상입니다. 빛은 굴절률이 큰 물질에서 작은 물질로 진행할 때 일부는 반사되고 일부는 굴절됩니다. 이때 두 물질의 굴절률 차이가 크면 반사되는 빛이 훨씬 많아집니다. 이 실험에서 셀로판지는 비닐보다 굴절률이 크고, 물과의 굴절률 차이가 커서 카드에서 반사된 빛이 전반사됩니다. 따라서 우리 눈에 빛이 도달하지 않기 때문에 카드가 보이지 않는 것입니다.

제2화

도대체 닭은
누가 깨우는 거야!

여러분! 지난 예선에서의 승리로 절대 자만해서는 안 됩니다.

왜냐하면!

꿀꺽……

다음 상대인 나루초등학교는 작년 대회에서 4위를 차지한 학교인데다,

나루초 4위

구름초 25위

28위

30위

29위

32위

매 대회마다 큰 실수 없이 우수한 성적을 내는 실험반으로 유명하다고!

걱정은 그만!

고수초 발명반

우리는 전국 발명 대회 4위였던 팀도 물리쳤잖아요!

치잇!

하하, 어서 실험 준비 하자.

괜찮냐?

그런데…….

원소 녀석은 왜 자꾸 수업에 빠지지?

매일 밤새서 대회를 준비해도 모자랄 판에 말이야.

원소는 매주 수요일마다 병원에 가야 하잖아.

맞다, 원소는 난치병이 있었지!

그 녀석의 난치병이라면……, 왕자병?

후

후

후

후

아, 여기 있다! 병명은……, 전 국민의 20%가 앓고 있다는 아토피!

아토피는 유전이나 환경적인 원인으로 생기는 면역 이상 증상인데, 원소는 합병증이 심해서 잘못하면 심각한 상태가 된대.

쳇! 원소 녀석, 그걸 핑계로 요리조리 잘도 빠져나가는군!

그래도 한 팀인데 뭐든 같이 해야지! 그 녀석만 매번……

너 럭

헉!

쩡그랑

아앗, 깨졌잖아!

또 사고 쳤냐?

아야야

이건 4학년 실험물이잖아. 강낭콩 싹을 틔우는 실험인가 봐…….

닭……?
'통닭' 할 때,
그 닭?

그래~, 닭은 항상
새벽에 우니까 알람으로
사용하면 딱 좋지.

좋은 생각인데?
병아리를 키워서
닭이 되면
알람 시계 대신
사용한다!

딱!

닭은
널 깨우고,

너는 엄마를
깨우고!

그런데……, 닭은
누가 깨우는 거야?

멍~

……

바로 그겁니다!

도대체 닭은
누가 깨우기에 새벽마다
꼬끼오~ 하고
우는 걸까요?

43

사람은 눈으로 빛을 감지하지?

눈부셔

하지만 조류는 뇌에서 직접 빛을 감지하기 때문에 사람보다 빛에 훨씬 민감하단다.

뇌부셔

아하!

오~

눈을 감고 있어도 해 뜨는 걸 알 수 있으니까 아침 일찍 일어날 수 있는 거군요?

굉장해요~! 뇌에서 직접 빛을 감지하다니!

투닥

투닥

하 하

뇌뿐만 아니라 온몸으로 빛을 감지하는 것도 있잖니~.

너도 IQ는 조류랑 비슷하니까

가능할지도 몰라~.

뭣?!

온몸으로 빛을 감지한다고요?

멈칫

온몸으로?

그래! 그건 바로……

식물이지!

둥!

오!

아~, *광합성! 식물은 광합성을 하기 때문이군요!

광합성

포도당

광합성에는 빛이 꼭 필요하니까 온몸으로 빛을 감지한다는 건가?

그럼 빛이 없으면 물과 영양분이 있어도 식물은 죽는 건가요?

그렇단다. 대부분의 식물은 빛이 없으면 살 수가 없지.

음……

그럼 이 화분을 상자로 덮어 버리면 금방 죽나요?

속

*광합성 녹색 식물이 빛 에너지와 공기 중의 이산화탄소, 뿌리에서 빨아들인 물을 이용해 포도당을 만들고 산소를 배출하는 작용.

그렇게 쉽게 죽지는 않을 거야.

그래?

집에서 키우는 식물들은 대부분 빛을 향해 자라잖아.

아마 상자 속에 조금이라도 빛이 들어오면 그곳을 향해 자라면서 살아남을 거야.

그럼 빛이 두 군데에서 들어오면 양쪽으로 자라겠네?

식물이 빛을 따라 자란다고?

하 하

씨 익

흐 흐 흐 흐

왜 웃냐?

이호귀

장동곤

가, 가격은 한 세트에 1500원!
이 돈으로 사랑이 이루어진다면
거저 아냐?

정말이지?
나 하나 줘.

나도!

나도
하나!

비켜!
내가 먼저야!

헉!

밟지 마!

나도
살래!

자자, 진정하고!
줄을 서시오~!

날이면 날마다 오는 게 아냐! 어서 사!

우하하하

우주야~, 나도 하나 줘.

란이 너도?!

식물과 빛의 원리로 이런 생각을 하다니, 넌 정말 응용력이 대단해.

나도 예쁘게 키워 보고 싶어.

그래?

좋아! 넌 내 친구니까 공짜로 줄게!

좋은 징조야! 란이가 점점 나의 가치를 깨닫고 있어!

난 깎아 줘!

내 사전에 에누리란 없다!

히익!

대성공이야! 이런 속도면 빚도 금방 갚을 수 있겠어!

그러나! 두 가지 문제가 있지.

뭐?

과학실에 있는 강낭콩 싹을 다 팔아 치웠으니, 4학년 애들이 이 사실을 알면 널 가만둘까?

강낭콩이 사라졌다!

뭐야?

쳇, 한창 기분 좋았는데……

서라!

도둑놈!

두 두 두 두

나도 각오하고 있어! 하지만 모험에는 항상 위험이 따르는 법! 일단 필사적으로 도망쳐 보고……

그래도 안 될 땐 초롱이한테 부탁하면 목숨은 구할 수 있을 거야.

그래도 한 가지 문제가 더 남았어.

또 뭔데?

아까 그 하트 강낭콩, 란이도 사는 것 같더라?

휙

그래! 나보고 대단하다고 했…….

쯧쯧, 란이가 그 화분 키워서 누구 주겠냐……?

그야.

비비적 비비적

원소야, 널 위해 키웠어…….

와~, 예쁜데?

아냐, 아냐! 아닐 거야!!

두두두

늦지 않았어. 정확히 맞춰 왔으니까.

그럼 일찍 온 우린 바보냐!

이제 곧 실험 대회 2차 예선을 시작하겠습니다. 모두 실험실로 입장해 주십시오.

자동차 수리비 깎아 줘!

싫어.

진행

너희는…….

새벽초 실험반이지? 8 실험실로 가거라.

네!

아, 그런데 지도 선생님은?

여기요!

두 뚜두

선생님…….

억 억

진행

내 눈에 빛이 들어오지 않아 뇌가 너무 오랫동안 수면 상태였어……. 느, 늦진 않았지?

당연하죠! 정확히 맞춰 오셨어요!

자자, 그럼 어서 입장해 주세요.

2차 대결 장소는……, 여기군!

8

네!!

자, 모두 준비됐니?

철컥

하하! 그래서~, 응……?

두둥

저놈이 원래 예의라는 게 없으니까 너무 상처 받지 마.

그럼 내 이름도 들어 봤겠지? 새벽초의 에이스 범우주 님!

에?

범우주님? 그런 특이한 이름은 처음 듣는데?

저게 일부러!

그, 그럼 '님' 자 빼고 잘 기억해 둬! 앞으로는 내가!

강원소보다 더 유명해질 테니까!!

그, 그래?

저 표정은 뭐야?! 은근히 기분 나쁜 녀석들이네……

추가 점수?!

두근..   두근..

자, 여기 거울 두 개와
지우개 하나가 있습니다.

거울은 물체를 비추는
특징이 있죠? 문제는
이 두 개의 거울로…….

거울에 비친 지우개 수를
더 많이 만드는 쪽이
이기는 것입니다.

두둥

그럼, 각 실험반에서
대표 한 명씩 나와
문제를 푸십시오.

끄덕

다녀올게!

자, 그럼!

지금부터 2차 예선, '빛의 반사'에 관한 실험을 시작하겠습니다!

좋아. 가자!

두두둥!

반드시 승리한다!

알버트 아인슈타인(Albert Einstein)

아인슈타인은 '현대 물리학의 3대 축'이라고 불리는 세 편의 논문-특수 상대성
이론, 광양자 가설, 브라운 운동-을 발표해 첨단 과학 기술과 천문학, 철학 등
수많은 분야에 혁명을 일으킨 천재 과학자이자, '현대 물리학의 아버지'로
인정받는 20세기 최고의 이론 물리학자입니다.
아인슈타인은 19세기 말 독일의 엄격한 교육 분위기에 제대로 적응하지 못한
낙제생이었습니다. 결국 고등학교를 중퇴한 뒤 어렵게 스위스에서 다시 공부를
시작하여, 스위스 연방 공과 대학을 졸업하고 스위스 특허국에 취직하였습니다.
1905년, 그는 특허국 직원으로 근무하면서 틈틈이 준비한 세 편의 논문을
발표했는데, 이 세 이론의 발표는 많은 과학자들이 수백 년 동안 풀지 못한 뉴턴
역학의 문제들을 해결하고 물리학의 새로운 방향을 제시한 놀라운 사건이었습니다.
후세 과학자들은 이 해를 '아인슈타인의 기적의 해'라고 부르기도 합니다.
아인슈타인은 빛은 입자로 이루어졌다는 가정으로 확립한 광양자 가설이 당시
과학계의 여러 어려운 문제를 풀어 낸 공로를 인정받아 1921년에 노벨 물리학상을
받았습니다. 아인슈타인은 특수 상대성 이론에서 '시간과 공간은 상대적이고 어떤
물질도 빛보다 빠를 수 없다'는 것을 증명하였고, '질량은 에너지와 같다'는 내용의
질량 에너지 등가 원리($E = mc^2$)를
설명하였습니다. 또한 '빛은 중력에 의해
휘어진다'는 내용의 일반 상대성 원리와 입자
운동을 수학적으로 증명한 브라운 운동으로
과학뿐만 아니라 사회 전반적으로 영향을
끼쳤습니다. 이러한 획기적인 이론들은 낙제생
아인슈타인의 창조적인 발상과 실험 정신의
훌륭한 열매입니다.

알버트 아인슈타인(1879~1955)
미국의 이론 물리학자. 근대 물리학의
한계점을 해결하여 물리학, 천문학
등에서 많은 발전을 이뤄 냈다.

역시 천재 과학자는
이마가 넓은 것이
기본이지!

G박사의 실험실 1
빛과 열

자, 이제 이 레이저만 쏘면 실험 성공!

팟!

으악! 하필 이럴 때 형광등이 나가다니?!

휴, 조금 쉬었다 하죠~.

안 돼! 지금 당장 갈아야 해!

앗!

우왓, 뜨거워!

당연히 뜨겁죠.

⚠ 실험실의 안전 수칙!

빛을 내는 물체는 빛과 동시에 열을 갖는 경우가 많습니다.

특히 형광등은 20%는 빛을 내고 나머지 80%는 열을 내지요!

빛 20%

열 80%

그래서 빛을 내는 물체를 다룰 때는 항상 소심해야 합니다.

형광등을 갈 때는 장갑을 껴야 해요~.

NOTE

제3화

흔들리는
새벽초 실험반

잠망경은 장애물이 있는 장소에서 장애물 너머의 물체를 볼 수 있는 기구야. 주로 잠수함이나 탱크에서 정찰, 관측용으로 사용되지.

그리고 잠망경은 빛이 위쪽 거울을 통해 아래쪽 거울로 반사되어 눈까지 전달되기 때문에 대결 주제와도 딱 맞아!

큭!

서두르자, 이러다 준비 시간 못 지키겠어!

탱크? 잠수함?

란이야, 그쪽에 거울 있어?

응, 여기 있어.

위쪽? 아래쪽?

하나도 모르겠어!

자와 가위는 내가 찾았어! 그리고…….

뭘 알아야 준비를 하지!

자, 이제
준비 시간이
끝났습니다.

휴, 겨우
다 찾았다.

......

응?
뭘 그리는
거야?

우와, 나도
따라 그려야지!

잠망경의
펼친 그림이야.
저건 각도와 크기가
잘 맞아야 해서
그리기 까다로워.

바쁘다, 바빠.

좋아, 펼친 그림은 다 됐어.

여긴 이렇게!

바쁘다, 바빠!

나도 바빠.

아~, 심심해.

툭 툭

이제 이걸 오려서…….

잠깐!

보고서에 아직 다 못 그렸어.

이거 맞는 거야?

……

란이야, 여기서부터는 네가 좀 진행할래?

난 지만이 보고서를 도와줄게.

응, 알았어.

미안, 미안!

으응?

범우주.

그거 책상에
그대로 내려놔.

하하··

미, 미안······.
몰랐어······.

어떡해.

네가 아는 게
없다는 건
말 안 해도
잘 알아.

그러니까 얌전히
구경이나 하라고.

란이야,
난 너한테 부탁한 걸로
기억하는데?

아······,
미안······.

좋아,
다 됐다.

쳇, 제대로 보이는지
내가 테스트해 보겠어!

흥.

이렇게 하면
잠수함에서처럼……,
보이지 않는 위쪽을
볼 수 있다, 이거지?

나도 좀
보자~.

크윽, 분해……!
란이 앞에서
혼자 잘난 척을…….

띵~

아니! 저놈이 또
'글쎄다' 포즈를!

근데
정말이네?
정말 똑같이
보여!

그래~, 원래 거울은 좌우가 바뀌어 반사되잖아. 하지만 잠망경은 위쪽 거울에서 좌우가 바뀐 상이 아래쪽 거울에 반사될 때 다시 한 번 더 바뀌기 때문에 실물과 똑같이 보이는 거야.

정말~!

오오오

글쎄다~.

헤헤

저……, 란이야. 한 번만 더 설명해 줘. 다 못 적었거든.

이리 줘.

시간 없으니까 보고서도 내가 쓸게.

흥, 저 녀석은 여기까지 와서도 왕 재수야!

찌릿!

으악! 뭐, 뭐야?!

인정할 건 해야지! 그래도 원소 덕분에 네가 사고 친 게 잘 해결됐잖아.

내 보고서도 그렇고.

몰라!

너는 그런지 몰라도, 난 아냐!

확!

아니긴 뭐가 아냐!

응? 저쪽도 실험이 끝난 것 같은데?

81

저것도 빛의 반사인가?

저건 거울에 빛을 반사시켜 *스펙트럼을 만든 빛의 분산 실험이야.

아~.

프리즘으로 스펙트럼을 만드는 원리와 같은 거지.

프리즘

앗, 빨주노초파남보! 무지개 색깔이잖아!

오옷

맞아, 무지개도 비 온 뒤 공기 중의 물방울에 빛이 통과되어 만들어지는 일곱 빛깔의 줄이거든.

샤

방

*스펙트럼 빛을 분해했을 때 생기는 무지개 빛깔의 띠.

그럼,
빛의 반사에
분산까지 증명해서
더 유리한 거 아냐?

하지만 저 실험은,

빛의 분산에 가까워.
대결 주제인 빛의 반사에는
우리 쪽이 더 유리하지.
게다가……

저쪽 팀은 거울 하나를
실험에 사용하지 않았어.
가져온 준비물을
실험에 사용하지 않으면
실험 태도에서 감점되잖아.

그리고 우리는
추가 점수까지
얻었으니 걱정 없어!

덜컹

쳇, 누가
뭐래?!

홱

잠깐만요!

어, 어째서 그런 점수 차가 나는 거죠? 저쪽은 준비물도 남겼잖아요!

우리가 무슨 준비물을 남겼는데?

흥, 누가 모를 줄 알고?

ㅋㅋㅋㅋ

이 거울!

엄청 큰 이 거울 말이야! 딱 걸렸지?!

푸하하

아……

그건 분명히 사용했어!

뭐……?

바로 실험의 마무리, 보고서 작성에!

보, 보고서에?

나루초 실험반의 보고서는 '빛의 반사' 원리로 쓰여 있지. 자, 보거라.

뭐, 뭐야……. 글자의 좌우가 반대로 되어 있어!

아……!

아차.

누리초 파이팅!

실험반이
네 명이라는 걸
잊어서는
안 됩니다.

아자!

그리고…….

마음을 모아야
머리도 모을 수
있으니까요.

크……!

다음 날 아침

터벅

터벅

척

오, 이게 누구야?
패배로 축 처진
새벽초 실험반의
뾰족 머리!

ㅋㅋㅋ

두 두 둥

허홍!

지난번엔 상대 팀 실수로 운 좋게 이겼다더니,

이번엔 원소 혼자 설치다가 제대로 깨졌다며?

너희도 들었구나! 원소 혼자 하다가 다 망쳤어~!

하하

요거 안 통하네……

쟤넨 분명히 탈락이야.

다음 대결에서도 원소 혼자 하다가 또 질걸?

풋!

그래, 원소 하나 믿고 버티는 부실 실험반!

나머지는 그냥 개그 캐릭터라지?

개그 캐릭터

토끼 이빨, 원숭이, 만두 머리 주제에 누구더러 개그 캐릭터래, 덤벼!

어이쿠, 무서워라~ 혼자 우리 셋을 어쩌시려고?

땡

너는 액션 캐릭터가 아냐~.

컥!

퍼

퍼

캑!

퍼

이야~, 일찍 왔네! 네가 웬일이냐?

아니, 공부를!

빛은 반사되고, 굴절되고, 분산되고, 합성된다.

뭐야, 공부하는 거야? 이길 때가 있으면 질 때도 있는 거지. 그렇게 충격이 컸냐?

중얼중얼.

잠망경……, 거울의 반사를 이용. 거울은 모두 45° 각도…….

이게 무시를!

90°
45°
90°
45°

이, 이렇게 간단한 걸 몰라서 그런 망신을……

아, 안돼! 그걸 다 오리면 어떡해!

그러니까 얌전히 구경이나 하라고!

야야!

이런 멍청이! 조금만 더 공부할걸!

꽝

?

애들아, 나 안 보여?

쟤들 싸우나?

무슨 일이야?

야, 범우주! 당장 나와!!

꽝

깡

짱

앗!

잠깐 햇빛 좀 쬐어 주려고.

봤지? 저건 잘만 자랐네!

크흑, 내 사랑은 안 이루어진대!

역시 란이는 나의 구세주야!

좋아할 때가 아니라니까.

흥!

점심시간

시끌 시끌
와 와~

두고 봐. 다음 대결에선 내 실력을 똑똑히 보여 주겠어!

빛 이야기

거울과 렌즈의 차이는……?

상이 비친다?

상이라면 밥상?

원소야~, 강원소!

이. 이건 란이 목소리?!

원소야~, 여기~.

원래 알긴
했지만……,

역시 넌 정말
나쁜 놈이야.

저 화분……,
당장 꺼내서 가져가!

유지통

란이가 얼마나
정성 들여 키운 건 줄
알아?!

하루에도 몇 번씩
꺼내 보면서 네 생각을
했을 거라고!

볼록 렌즈와 오목 렌즈

렌즈는 빛을 모으거나 분산하는 데 사용되는 실험 기구로, 볼록 렌즈와 오목 렌즈가
있습니다. 볼록 렌즈는 가운데가 볼록한 모양의 렌즈로, 빛을 모이게 하여 작은 물체를
커 보이게 합니다. 주로 원시용 안경, 현미경, 돋보기, 사진기 등에 사용됩니다.
오목 렌즈는 가운데 부분이 얇아 오목한 모양을 한 렌즈로, 빛을 밖으로 퍼지게 하여
물체를 작아 보이게 합니다. 주로 근시용 안경, 손전등의 거울, 천체 망원경 등에
사용됩니다.

렌즈 잡기

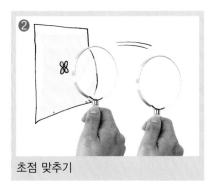

초점 맞추기

관찰하기

보관하기

❶ 한 손으로 렌즈의 손잡이나 테를 잡습니다. 이때 렌즈에 직접
　손을 대지 않도록 주의합니다.

❷ 렌즈를 관찰하려는 물체에 가깝게 대었다가 멀리 떨어뜨리기를
　반복하여 상이 가장 선명한 곳에 렌즈를 위치시킵니다.

❸ 눈과 렌즈, 물체가 일직선이 된 상태로 물체를 관찰합니다.

❹ 사용한 렌즈는 부드러운 헝겊으로 닦아 보관합니다.
　★볼록 렌즈와 오목 렌즈의 사용 방법은 같습니다.

5분만
더 기다려
보자!

프리즘

프리즘은 빛을 분산시키거나 굴절시키기 위해 만들어진 투명한 삼각기둥 모양의
실험 기구입니다. 프리즘에 빛을 통과시켜 분산시키면 빛이 무지개 색으로
나눠지는 것을 관찰할 수 있습니다. 프리즘은 기능에 따라 여러 가지 모양과 종류가
있는데, 주로 유리나 수정 재질로 만들어집니다. 프리즘은 깨지기 쉬우므로 사용과
보관에 주의해야 합니다.

설치하기 ❶

빛 통과시키기 ❷

관찰하기 ❸

❶ 프리즘과 흰 종이를 적당한 장소에 설치하고 프리즘의 각도를 조절하여 고정시킵니다.

❷ 빛이 강한 손전등으로 손전등 빛이 프리즘을 통과하도록 합니다. 실외에서 햇빛으로
   실험할 때는 햇빛의 방향에 따라 프리즘을 조절하여 실험합니다.

❸ 흰 종이에 분산된 빛의 스펙트럼을 관찰합니다.

제**4**화

실험반은
하나야!

111

방과후

시끌 시끌

터덜 터덜

쳇!

정말 자기네끼리 가 버리다니.

과학실

투덜 투덜

배신자들!

안녕하세요!

벌컥

응?

여긴 웬일이냐? 넌 원소 병문안 안 갔어?

아, 그게…….

멈칫

다, 다들 병문안 가 버리면 과학실 정리할 사람이 없잖아요!

떠벌 떠벌

혼자서라도 과학실을 지켜야 한다는 사명감으로⋯⋯!

아, 그래~.

달그락

중얼 중얼 달그락

그런데 지금 무슨 실험 하세요?

음!

이건 인류를 구원해 줄 아주 중요한 실험이란다!

둥

두

뭔지 궁금하지? 궁금할 텐데? 너한테만 알려 줄까?

아뇨~, 됐어요.

나창~

투명 인간이 되는 약이라면 몰라도.

투명 인간?

그런 건 투명 인간이 돼도 절대 해결할 수 없을걸~?

왜요?

'본다'는 건 말이다~!

히익!

물체에서 반사된 빛이 네 수정체로 들어가 망막에서 맺혀 뇌로 전달되는 거란다!

뇌

시신경

수정체

망막

나무!

투명 망막

그런데 빛이 망막에 맺히지 못하고 그냥 통과해 버리면 어떻게 될까?

설마 아무것도 못 보는 건가요?

그렇지! 투명 인간이 되면 망막까지 투명해져서 아무것도 볼 수 없게 된단다.

으악!

쿵

이 일은 너희끼리 잘 의논해 보거라.

녀석을 영원히 실험반에서 빼 버릴 수 있어!

원소 녀석을 빼고 새로운 반원을 받으면…….

아, 네…….

하지만 그럼…….

어쨌든, 너희끼리 똘똘 뭉쳐야 할 게다.

과학시

네에?

……!

그러지 않으면 이번 예선 대회가 마지막 실험 대결이 될 테니까 말이야.

두근

쿠쿵

탁

그, 그런데?

강원소 없는 실험반은 눈 없는 스키장, 물 없는 수영장! 고로 실험반이 해체되는 것은 시간문제지!

맞아!

그럼!

크!

실험반이 널 버리기 전에 네가 실험반을 버리고 태권도반으로 오는 게 어때?

너희 둘 다 잘 들어!

너 정말 친구 맞니? 친구가 입원실이 어딘지도 몰라?

안내

아, 친구 맞다니까요! 속고만 사셨나!

다시 한 번 잘 찾아보시라고요!

탁

강, 뭐라고?

원소라고요, 강원소!

꺅!

버럭

너……, 여기서 뭐 하는 거야?

척

엑스레이 찍으러 왔구나? 잠깐 기다려.

네.

엇?!

바, 방사선?!

방사선과

이런 위험한 데를 막 다녀도 돼?

어이구……

히익

그래, 방사선은 조직 내 DNA를 변형시켜 각종 부작용을 일으키지. 너도 여기 오래 있으면 백혈병에 걸릴걸?

배, 백혈병!

철렁

저, 그럼 난 이만 가 볼게~.

빙

……

풋~.

그런 건 원자 폭탄이 터졌을 때나 가능한 일이야. 방사선은 햇빛이나 땅, 전자레인지나 TV에서도 나온다고.

넌 평상시에도 많은 방사선에 노출되어 있다는 얘기지.

!!

뭐, 뭐야 그 웃음은?

너 내가 바보인 줄 알아? 내가 두 번 연달아 속을 줄 알고?

땅이랑 햇빛에서 무슨……

감마선 X선 자외선 가시광선 적외선 전파

눈에 안 보임 눈에 보임 눈에 안 보임

바보 맞잖아!

빛은 눈에 보이는 것보다 보이지 않는 게 훨씬 많아.

또 잘난 척!

그럼, 그 보이지 않는 빛을 과학자들이 찾아냈다는 거야?

그래, 퀴리 부인은 방사선을 연구하다가 결국 방사선 때문에 백혈병으로 사망했어.

......

또 아인슈타인은 E＝mc²이라는 유명한 공식으로 빛으로부터 가장 큰 에너지를 찾아냈지. 원자 내부의 핵이 붕괴되면 질량이 줄어드는데, *질량 에너지 등가 원리에 의해 막대한 열이 발생하는 거야.

$E=mc^2$

태양과 같은 별의 빛 에너지가 핵융합을 해서 생기는 거지.

덕분에 수소 폭탄이라는 괴물도 생겼지만.

이. 이 녀석……!

*질량 에너지 등가 원리 질량과 에너지는 등가(같은 값이나 가치)를 가진다는 원리. 즉, 질량＝에너지라는 뜻.

멍~

전혀 모르겠다는 표정이군.

쉽게 말하자면, 빛은 무한한 에너지를 가지고 있다는 거야.

강원소.

넌 정말 아는 게 많구나.

뭐?

그래서 네 뇌 속에는 다른 사람 생각할 공간이 없나 보다.

너 그거 아냐?

투명 인간은 가장 중요한 것을 못하지. 그건 바로…….

못 보는 거?

그래, 그거.

에헴!!
아무튼 내가 좀 잘생기고 유머 있고 천재적이라 완벽해 보이겠지만!

그런 완벽한 나도 가끔 중요한 걸 잊을 때가 있다고~.

?

실험반의 운명은 함께한다는 거. 실험반은 하나니까…….

손전등으로 만든 색의 마술, '빛의 합성'

실험 보고서

실험 주제	빛은 두 가지 이상의 색이 섞이면 다른 색으로 보입니다. 그리고 더 많은 색이 섞일수록 점점 밝은 색이 됩니다. 빨강, 초록, 파랑을 빛의 삼원색이라고 하는데, 이 세 가지 색만 있으면 모든 색을 만들 수 있습니다. 손전등과 간단한 도구를 이용해 빛의 합성에 대해 실험해 봅니다.
준비물	❶ 흰 종이 ❷ 셀로판지(빨간색, 파란색, 초록색 각각 1장씩) ❸ 손전등 3개 ❹ 고무 밴드
실험 예상	세 가지 색의 손전등을 겹쳐 비추면 전혀 다른 색이 될 것입니다.
주의 사항	❶ 실험 장소는 되도록 어둡게 하여, 손전등 색을 쉽게 관찰할 수 있게 합니다. ❷ 셀로판지는 구겨지지 않게 단단히 고정합니다.

실험 방법

❶ 빨간색, 초록색, 파란색 셀로판지를 두세 겹 접어 각각 손전등에 대고 고무 밴드로 단단히 묶습니다.

❷ 빨간색과 초록색의 손전등 빛을 흰 종이에 겹치게 비춘 후 관찰합니다.

❸ 빨간색과 파란색의 손전등 빛을 흰 종이에 겹치게 비춘 후 관찰합니다.

❹ 파란색과 초록색의 손전등 빛을 흰 종이에 겹치게 비춘 후 관찰합니다.

❺ 빨간색, 초록색, 파란색 세 가지 색의 손전등이 모두 겹치도록 흰 종이에 비춘 후 관찰합니다.

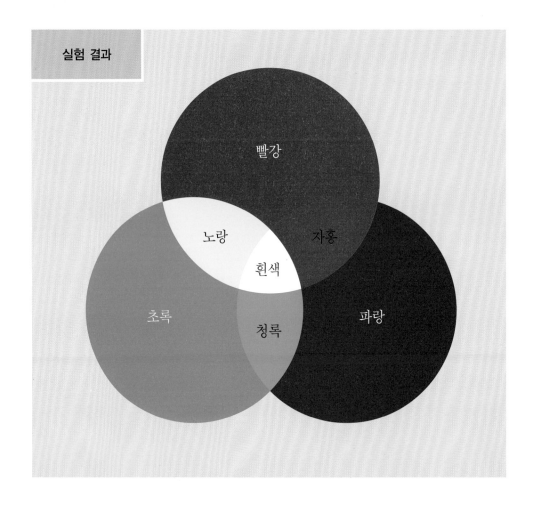

실험 결과

왜 그럴까요?

빛은 직진하다가 어떤 물체에 부딪히면 그 물체의 고유한 빛만 반사되고 다른 모든 빛은 흡수됩니다. 우리가 색을 본다는 것은 바로 이 반사된 빛을 보는 것입니다. 예를 들어, 나뭇잎이 초록색으로 보이는 이유는 나뭇잎이 초록색만 반사하고 다른 색은 모두 흡수하기 때문입니다. 또한 흰 종이나 우유가 흰색으로 보이는 것은 모든 빛깔을 반사하기 때문이고, 검은색은 모든 빛깔을 흡수하여 검게 보이는 것입니다. 빛은 크게 직진, 반사, 굴절의 기본 성질을 가지고 있는데, 하나를 더 꼽자면 바로 빛의 합성을 들 수 있습니다. 이 실험에서 알 수 있듯이 빛은 또 다른 빛과 합쳐지면 전혀 다른 색을 띠고, 또 합치면 합칠수록 밝은 색이 됩니다.

G 박사의 실험실 2

빛의 굴절

실험실

덥다……,
너무 덥다!

박사님,
어서 들어오세요!

좋아,
기다려!

이 정도
깊이쯤이야!

풍덩

으악, 여긴
깊잖아!

멀리 가면
당연히 깊죠.

⚠ 실험실의 안전 수칙!

냇물은 항상 눈에 보이는 것보다 더 깊습니다.
그 이유는 빛의 굴절 때문이지요!

빛의 굴절

보이는 깊이

실제 깊이

실험할 때도 빛의 굴절을
항상 염두에 두어야 합니다.
유리로 된 실험 기구에서도
굴절 현상이 일어나니까요.

따라서 시험관에 든 액체나 온도계 등의
눈금을 읽을 때는, 눈을 눈금의 높이에
맞추고 읽어야 합니다.

눈의 각도에 따라
관찰한 값이 달라집니다.

NOTE

제5화

범용초 실험반의 비밀

얘들아, 큰일 났어!

다들 빨리 모여 봐!

탁 탁 탁 탁 탁

덜컹

왜 그래?

무슨 일인데?!

빨리 말해!

웅성 웅성 웅성

내일 예선에서 붙을 범용초등학교의 실력이 굉장하다는 소문이야!

나 참.

실험반 얘기잖아.

그런 건 너희끼리 얘기해!

정말? 그 학교도 이번 실험 대회가 첫 출전이잖아.

앗, 란이야!

범용초 다니는 친구한테 들었는데, 범용초 실험반은 벌써 몇 년 전에 생겼대.

게다가 지도 선생님도 자기가 맡은 반은 모두 엄청나게 실력을 향상시킨 걸로 유명한 분이래.

그런 선생님에게 몇 년간 집중 훈련을 받았다면……

이 이상한 기분은 뭐지?

우리 상대였던 나루초도 간단히 이겨 버렸대……

그래서 그게 어쨌다는 거야?

우주야……

내일 범용초와의 대결은
이미 정해진 거야.
지금 그런 말에 신경 쓰는 건
전혀 도움이 안 된다고.

하긴, 그럴 시간에
하나라도 더
준비하는 게 낫지!

우주 말이 맞아.
그런 걸로 겁먹는 건
바보 같은 짓이야.

그런데 우주 너~,
방금 원소 같았어.

그런
녀석과
비교하다니!

아, 아!

우주야,
멋졌어~!

긴급 방송,
긴급 방송!

쩌렁

쩌렁

초특급
긴급 방송~!
대체
무슨 일이야~.
심각한
건가 봐!
실험반 학생들은
지금 당장 과학실로
모이십시오! 방송 끝!
척!
또
실험반이야?
대체
왜 이래!
우리 학교에
실험반밖에 없나!
우우우우~
탁 탁
과학실
갑자기
긴급 호출이라니,
무슨 일이지?
탁 탁
설마 새로운 반원을
뽑았다거나 하는 건
아니겠지?
서, 설마!

144

파닥 파닥

탈출!

우왓!

지난번에 혼자 단체 티 입고 갔다 망신당한 아픈 기억이 되살아나는군.

요즘 아게 유행이야!

하 하

부들 부들

무슨 소리! 나도 입었잖니~.

설마 이번에도 입으시려고요?

당연하지!

후회하실 거에요!

실험복을 입으면 몸을 보호하고, 실험 반응을 쉽게 파악할 수 있지.

쳐 이 익

또, 여러 가지 색깔의 옷보다 흰색을 입으면 실험에 더 집중할 수 있어.

척

또 등에 있는 그림이 상대를 산만하게 할 수 있으니, 일석이조!

나도 실험 학원에선 항상 실험복을 입어~.

그리고 실험복을 입으면 더 실력 있어 보일 게다.

146

설마 쌍둥이?

얼굴은 다른데?

허억!

로봇 같아.

왠지 무섭다~.

뭐, 뭐 히는 거야?

잘 부탁합니다.

제가 드릴 말씀이죠.

155

하필 왜 저 녀석 생각이 나는 거야! 원수 같은 원소 녀석!

앗, 갑자기 기분이 이상해!

잠깐......, 원소라면 이 상황에서 어떻게 할까?

원소라면!

......!

전혀 모르겠다는 표정이군. 쉽게 말하자면.

빛은 무한한 에너지를 갖고 있다는 거야.

응?!

빛 에너지......?

그래, 그거야.

빛 에너지?

그래, 빛 에너지로 뭔가 해 보자!

159

그럼 그 원리를 이용해서 물을 데워 온도의 변화를 관찰하는 건 어때? 빛 에너지가 열에너지로 전환되는 거지!

좋았어!

물을 데울 용기는 검은색이 좋겠지? 검은색은 빛을 잘 흡수해서 열을 빨리 내니까!

반사

흡수

오오!

좋아, 검은 용기는 내게 맡겨!

난 제일 중요한 거울을 찾아오겠어~!

그럼 난 겉 용기와 나머지 준비물을 가져올게!

좋았어, 출발!

달려~!

후다닥

검은 용기……,
검은색이 없잖아?

뿅

둥

유성펜

에~, 거울이
두 개밖에 없네?

거울 대신
쓸 만한 게,

이거다!

반짝 반짝

척

쿠킹호일

검은 용기를 넣을
겉 용기!

거울 모양을
잡아 줄 마분지!

보온을 위한
스티로폼!

투명 테이프

스티로폼

마분지

가위

비커

온도계

칼

여러분!

이제 준비 시간이
끝났습니다!
모두 실험을
진행해 주세요!

161

후아~! 이제 한시름 놨다!

그래, 보고서도 슬슬 감이 잡혀.

이 정도면 꽤 멋진 실험이 되겠지?

히힛

아, 저쪽은 무슨 실험을 하나?

다 됐다!

보글.. 보글..

두둥

엥?

복잡해 보이는 저건 대체 뭐야?

저건……

165

……

저 실험만으로도 굉장한데, 완전한 풍차라니.

저기에 비하면 우리 실험물은…….

한마디로 초가집과 궁전의 차이로군.

치잇,
응……?

끄덕

픽

쿵…….

띵~

반짝

큭. 정말 괴짜잖아?
도대체 왜 저런……

우왓,
눈부셔!

뭐야, 손목시계에
빛이 반사된 거잖아!

반짝

스윽
반짝

스윽
반짝

툭툭

긁적
긁적

자, 잠깐!
저건……!

무슨 일입니까?

가, 감독관님!
그, 그게……

아이들이 선생님
지시에 따라
실험하고 있다고!

저건
분명히
부정행위야!

하지만……

그건 빛의 성질을 알면 쉬워.

빛은 한 물질에서 곧게 나가는 직진성과 진행하는 물질이 달라지면 꺾이는 굴절성, 직진하다 다른 물질을 만나서 튕겨 나가는 반사성이 있거든.

직진성

굴절성

반사성

직진, 굴절, 반사⋯⋯, 그렇지! 나도 그걸 이용하면 돼!

다른 물질을 만나면 튕겨 나가는 반사성!

벌떡

빛이 반사되는 게 없을까?

정신 사나워!

두리번

두리번

빛을 반사시키는 거라면 이거라도 괜찮을까? 내가 가지고 다니는 목걸이인데⋯⋯.

그래? 더 좋지~!

우주야.

사진기 속의 과학 원리

사진기는 빛의 성질을 이용해 사진을 촬영하는 기계 장치입니다. 렌즈를 통해 들어온 물체의 빛을 조리개로 조절하여 필름에 상을 맺게 하는 원리로 작동하지요. 현대적인 사진기의 시초라 볼 수 있는 것은 19세기 중반에 나온 다게르의 은판 사진으로, 이후 사진기는 빠른 발전을 거듭하여 오늘날에는 사람이나 풍경을 찍는 것 이외에도 현미경 사진이나 항공사진, 천체 사진 등 의학이나 공업, 학술 등 다양한 분야에서 이용되고 있습니다.

뷰 파인더 사진기의 촬영 범위나 구도, 초점 상태 등을 확인하기 위해 눈으로 들여다보는 장치입니다.

렌즈 대체로 볼록 렌즈와 오목 렌즈를 모두 사용하며, 물체의 상을 모아 삐뚤어지지 않고 일정한 밝기로 사물의 초점을 맞추는 역할을 합니다.

셔터 빛의 통로를 여닫는 시간을 조절함으로써 필요한 양의 빛만 들여보내는 역할을 합니다.

조리개 렌즈를 통과하는 빛의 양을 조절하는 장치로, 이것을 제대로 조절하지 못하면 사진이 너무 어둡거나 밝게 현상됩니다.

사진이 찍히는 순서

먼저 사진 찍을 대상을 뷰 파인더를 통해 관찰하고 촬영 범위와 구도를 조절한 후 셔터를 누릅니다. 사진 찍을 대상에서 반사된 빛은 카메라의 렌즈를 통과하고 조리개를 통해 양이 조절된 후 필름에 상으로 맺힙니다. 우리는 이 필름에 맺힌 상을 현상, 인화하여 사진을 얻는 것입니다. 여기에서 현상은 필름에 더 이상 빛이 들어가지 않게 하고 약품을 처리하여, 필름에 기록된 우리 눈에 보이지 않는 상을 보이게 하는 과정이고, 인화는 이 필름에 드러난 이미지를 인화지에 옮기는 것을 말합니다.

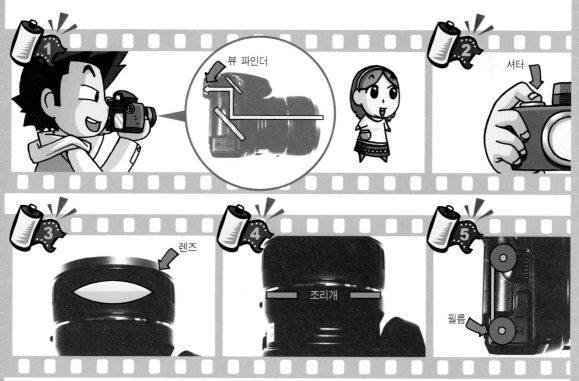

뷰 파인더

셔터

렌즈

조리개

필름

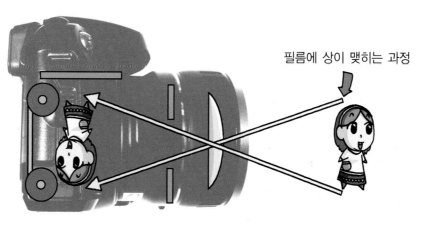

필름에 상이 맺히는 과정

제6화

뒤바뀐 승리

빛이 잘 드는
곳에서 이렇게
하면!

반 짝

팟

스
윽

반짝

좋았어,
된다!

반짝

내가 가리킨 엉뚱한 재료를 잡았어!

?!

자, 이 둘을 같은 방법으로 붙여.

알았어.

응?

기다려, 틀렸다! 재료를 잘못 골랐어!

흥, 어림없지!

으윽, 눈부셔!

뭐. 뭐야!

란이야,
내가 도와줄까?

응?

??

좋아,
그럼 다시!

쳇!

모든
시작은
바로
저 시계!

아니?!

저,
저건!

무슨 문제라도
있습니까?

아, 아닙니다!
괜찮습니다.

이제 15분 남았습니다.
보고서를 준비해
주세요.

크윽!

어쩔 수 없다!
시간이 없으니 지금까지의
실험을 정리해라!

흥. 이제
별수 없겠지?

우리도 어서
실험 결과를
확인하자!

그래~.

물의 온도가
올라갔으면
성공이지?

올라라,
올라라!

제발,
성공했기를!

이것 봐!
온도가 올랐어!

정말!
온도계가
멈춘 곳이,

26°C야! 처음보다
7°C나 올랐어!

와~,
감격적이야!

보고서 작성할 맛이
나는구나!

그래, 그건
너만 믿을게.

툭

툭

힐끔

힐끗

……

힐끗

187

총 점수는 18점입니다.

네에? 18점이오?

대회 최악의 점수로군~.

하아~

훗··

저, 질문이오!

네?

저희 실험 태도 점수가 낮은 이유를 알려 주세요. 우린 모든 구성원이 협동해서 실험을 성공시켰잖아요!

게다가 남긴 준비물도 없고요!

학생, 이름이 뭐죠?

저, 저요? 범우주요······.

188

우주 학생,
새벽초등학교의
실험 진행 과정은
잘 보았어요.
그러나…….

우주 학생은
본인의 실험보다
상대편 실험에
더 관심이 많더군요.

!!

실험이
성공했을 때도

상대편의 실험을 살피느라
본인 실험반의 결과에 흥미도 없었죠?

그,
그건!

사정이
있었어요!

그 사정이
실험보다
중요하던가요?

그, 그건 아니지만……!

네, 그럼 충분한 대답이 됐죠?

네…….

왜 그래? 너 오늘 정말 이상했어.

뭔가 이유가 있었겠지~.

후~, 이런 점수로는 절대 이길 수가 없어…….

결국 실험 대회는 이렇게 허무하게 끝나는구나~.

울쩍

미, 미안해…….

나 때문에…….

너 우냐?

훗.

물론!

그건 정상적인 실험이었을 때의 점수지요.

하지만 부정한 방법으로 실험이 진행되었으니,

범용초 실험반은 실격입니다!

뭐요?

!!

뭐?!

실격이라니?!

우리가 모를 거라고 생각하셨습니까?

고수초와의 첫 대결에서 패배한 후, 나루초와 대결 때부터 아이들이 선생님의 지시에 따라 실험을 진행했다는 것을!

!!

193

이, 이건 모두 아이들을 위해서였소!

어서 그렇다고 대답해!

벅 벅

싫어요.

아이들을 위해 실격 이유는 외부에 공개하지 않겠습니다! 당신 같은 어른들의 욕심으로 아이들의 미래를 망칠 수는 없으니까요!

이제 그만 하시죠.

하지만 선생님은 다시는 실험반을 맡지 못할 겁니다!

털썩

전부 알고 계셨군요!

명감독님이세요.

실험 대결은 두 팀이 하는 것이니 상대의 실험에 관심을 갖는 건 자연스러운 일이에요.

맞죠? 그렇죠?

하지만 실험 자체보다 대결과 점수에만 신경 쓴다면, 실험 대회의 주인공이 바뀌는 것이지요.

어쨌든 우주 학생 덕분에 부정행위를 적발하는 데 도움이 되었어요.

끄덕 끄덕

이로써……,

새벽초 실험반 대 범용초 실험반의 대결은…….

우리가 해냈어!

새벽초등학교의 승리입니다!

이게 웬 난리냐?

넌 거기서 뭐 해?

아…….

우, 우주야…….
드디어 나에게도 빛이……!

초롱이가…….

헤~.

내가 이상형이래!

게다가 초롱이 안경 벗으니까 진짜 예뻐!

품!

그래서 계속 우리 앞에 나타났었군.

그걸 눈치 못 챘다니, 난 아직 멀었어~.

안경이 초롱이의 미모를 가리고 있었던 거야~.

야, 정신 차려! 안경이 가면이냐?

응?

진짜라니까!

199

초롱이가 근시라면
지만이 말이
맞을 수도 있어.

시끄러!

벌써
편드냐?

뭐?
근시……?

근시, 원시, 난시는
눈의 굴절 이상 때문에 나타나는데,
그걸 교정하기 위해 안경을 쓰는 거야.

근시는 물체의 상이 망막 앞쪽에 맺혀서
가까운 곳은 잘 보이지만 먼 곳은 잘 보이지 않아.
반대로 원시는 물체의 상이 망막 뒤쪽에 맺혀서
먼 곳은 잘 보이지만 가까운 곳은 잘 안 보이지.

정상

근시

원시

난시

난시는 각막이나 수정체의
굴절 이상으로, 먼 곳이든 가까운 곳이든
물체가 이중으로 겹쳐 보이는 거야.

원시를 교정하기 위해서는
빛을 모으는 볼록 렌즈를 사용하고,
근시를 교정하기 위해서는 빛을 퍼지게 하는
오목 렌즈를 사용해, 필요한 만큼 빛을 조절해서
물체의 상이 망막에 맺히게 하는 거지.

근시

원시

오목 렌즈

볼록 렌즈

와!

난 볼록 렌즈는
크게 보이게 하고,
오목 렌즈는 그 반대인 줄만
알았는데.

볼록 렌즈

오목 렌즈

맞아! 초롱이가 근시라면
오목 렌즈인 안경을 쓸 테고,
그렇다면 눈이
작아 보였을 거야.

그랬구나!

거봐!
내 말이
맞잖아!

알았어,
알았다고~.

204

내일은 실험왕 ❹ '생물의 대결' 편도
많이 기대해 주세요.

빛의 종류와 성질

빛은 우리 눈에 작용하여 물체를 볼 수 있게 하는 에너지입니다. 이 빛은 태양처럼 자체적으로 생성되는 것도 있고, 전등이나 네온사인처럼 인공적으로 만들어지기도 합니다. 빛의 속력은 초속 약 30만km인데, 이론적으로 빛보다 빠른 물질은 이 세상에 존재할 수 없습니다.

빛의 종류

적외선 가시광선이나 자외선에 비해 공기 중에서 잘 통과하기 때문에 적외선 사진, 야간 촬영, 소독이나 자동 경보기 등에 사용됩니다.

가시광선 사람의 눈에 보이는 유일한 빛으로, 무지개 빛깔로 분리됩니다. 태양의 빛 중 가장 많은 영역을 차지하고 있습니다.

자외선 자외선은 피부를 타게 하고 인체에 해로운 영향을 주기도 하지만 살균 효과가 커 의료, 공업 분야에서 많이 사용됩니다.

X선 뢴트겐선이라고도 합니다. 어떤 물질을 통과하는 성질이 강해 의료용이나 공업용으로 활용되고 있습니다. 우리가 흔히 말하는 '엑스레이'는 이것을 이용한 것입니다.

감마선 어떤 물질을 통과하는 성격이 가장 강한 빛으로, X선보다 큰 투과력이 필요한 의학, 공업 분야에서 응용되기도 합니다. 인체가 감마선에 과다 노출되면 DNA 변형으로 암에 걸리거나 죽을 수 있습니다.

빛의 성질

직진 빛은 동일한 물질 속을 지날 때 항상 곧게 나아가는 성질을 가지고 있습니다. 이런 특성 때문에 빛이 나아가는 길에 물체를 놓으면 빛은 더 이상 나아가지 못하고 빛을 받지 못한 물체의 뒤편에 그림자를 생기게 합니다. 빛의 직진은 손전등이나 등대, 레이저, 문틈으로 새는 빛 등에서 관찰할 수 있습니다.

반사 빛은 직진하다가 거울이나 종이 같은 물체의 표면에 부딪히면 튕겨 나오는 성질이 있습니다. 우리가 물체를 볼 수 있는 것도 빛이 물체에 부딪히고 반사되어 우리 눈에 작용하기 때문입니다. 빛의 반사는 거울이나 호수에 비친 풍경 등에서 관찰할 수 있습니다.

굴절 빛이 직진하다가 다른 물질을 만나 방향이 꺾인 채로 진행하는 성질을 빛의 굴절이라고 합니다. 빛은 굴절하는 물질에 따라 속력이 다르고, 속력이 느린 쪽으로 꺾입니다. 빛의 굴절은 꽃병 속의 꽃줄기가 꺾여 보이거나 물속의 물고기가 더 커 보이는 것 등에서 관찰할 수 있습니다.

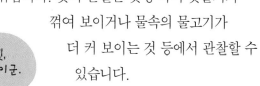

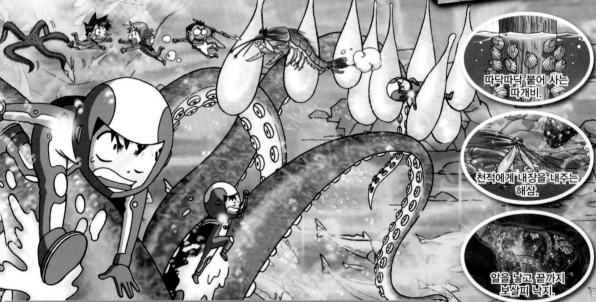